지네

박재연 시집

문학의전당 시인선
202

지네

박재연 시집

문학의전당

시인의 말

이제부터 시작이다

2015년 유월
박재연

차례

시인의 말

제1부

그림자　13
6의 자세　14
벚꽃나무에 걸어둔 혼잣말　16
단답형 대화체　18
알, 맛!　20
얼룩을 없애는 순서　22
홍옥분의 주방에서　24
생활의 달인　26
쥐술　28
통화권이탈지역　30
에귀 뒤 미디(Aiguille du midi)　32
누구시냐고 물었다　34
들임예(禮)　36
지네　38

제2부

뒤가 사라졌다　41
말빛　42
꽃들의 골짜기　44
온도의 감정　46
슬픈 몽족　48
청춘 마감　50
초극하는 혼　52
당신의 삼우제　54
길상사에서　57
새　58
시인　60
장화 클럽　62
고요 갈급　64
하루　66

제3부

머리카락만 69
웬금으로도 환하게 70
햇아 같이 모르겠어요 72
시제 73
깻망아지 뿔을 쓸며 74
꽃구경 값 76
타임머신 알츠하이머호 77
이드르르, 복상낭구 피어날 때 78
잉어 79
들은 숭 만 숭 80
이 늦은 후회 82
어떤 전조 83
작은 오빠의 콩 농사짓는 법 84
탈수 86

제4부

느낌의 불편한 온도   89
가을 절벽   90
호두마루   92
발로(發露) 참회   94
마네킹   96
화요일의 소파   98
황혼의 오 분간   100
빙어   102
소년 가을   103
귀신사(歸信寺)   104
목관   105
성녀는 어느 바닷가에 닿고   106
한 열흘만 안 될까요?   108
경(經)을 닫다   110

해설 | 마음의 궁지(窮地)에서 부르는 노래   111
       우대식(시인)

제1부

그림자

그늘진 곳이면 어디든 따라나서는
바닥만 고집하는 낮은 사람
수저를 들다 말고 문밖의 당신을 바라보면
충견처럼 내 신발을 품고 엎드린다
그가 있어 세상은 낯설지 않고
혼자 해결해야 하는 일에 힘이 실린다
눈물 글썽이는 젖은 상대를 만나면
슬그머니 물러나 몸을 감추지만
뙤약볕으로 이글거리는 상대를 만나면
자신을 더욱 분명히 하는 사람
그도 나처럼 나이가 들어
키가 줄어들고 허리가 뚱뚱하다
오늘은 늙은 그가 나를 데리고
팔이 부러진 목련에게 문병 가자고 한다
그가 말없이 그래왔던 것처럼
이제는 내가 그의 충견이 되어 몸을 일으킬 때
가장 낮은 사람이 되어 그의 뒤를 따라나선다

6의 자세

9도 없이 나 혼자 6을 한다

6은 코브라의 자세
양팔을 뻗어 땅을 짚고
뱀의 혀처럼 가른 외로움을 세워 먼 곳을 응시한다

지금, 여기가 중요해
여기에 충실하렴

지난밤 다녀간 그 6은 누구였을까
나는 1을 들어 3을 내리치지

아스트랄* 세계로 진입하면
이생의 욕망이 해소되는 향연이 기다린다

나는 9는 싫고 6이 좋다
팔과 허리와 다리가 한 자세인 3
1을 들어 3을 가른다, 헛짓

무릎을 끌어안고
가만히 죽어가는
6의 자세

여기에 충실하렴
지금, 여기

---

* 별의, 별 모양의, 별나라의, '환상적인'이라는 뜻.

벚꽃나무에 걸어둔 혼잣말

언젠가는
언젠가는
꽃나무에 걸어둔 혼잣말이 진다
먼 훗날의 핏기 없는 약속이 뚝뚝 진다

이 꽃비늘은 어디서 왔을까

나는 너를 몰라본다
나는 너를 몰라본다

까막눈의 동공을 찢어도
네 붉은 가슴을 몰라본다

출렁이는 화관을 쓰고
하르르 넘어가던 그때를 몰라본다

꽃비늘 몰려간 벚나무 아래서
핏물 머금고 뛰어내리는 혼잣말들

흩어지는 구름 호청을 시침하다
바늘로 손끝을
콕 찔러
핏물이 번지는 원망의 언어들

그냥 진다
뚝뚝 진다

단답형 대화체

묶인 개를 두어 시간 풀어놓았는데
타이탄 트럭 한 대가 덜컹이며 들이닥친다
노기등등한 손이 미주알이 벌건 수탉을 마당에 패대기친다

커피 한 잔을 내와
공손의 닭값을 얼른 쥐어 보낸다

반 죽은 닭의 날개를 들추니 흰 전깃줄이 살 속으로 묻히는 중이다
힘센 토종의 힘을 줄여놓은 끈
끈을 풀자 한차례 비상이 꺾인 날개가 홰를 치며 목을 뽑는다

발목을 묶어 보리수나무 아래 매어 두었다
미주알이 빠진 울음이 길게 계곡을 건너간다
소리는 위로 오르며 골짜기를 울린다

멀리서 가늘게 건너오는 화답
수탉이 품던 암탉들이 계곡에 울음을 풀어놓는다

날마다 일정한 시간에 울음이 오고 간다

울음이 건너가고
울음이 건너오고

한 달이 지나자 울음의 안부가 달라졌다

아—프지……
괜—찮아……
꼭—갈게……

시간을 정해놓고 닭들이 주고받는 단답형의 교신이 골짜기를 울린다
  혼자 우는 속울음만 내게로 돌아온다

알, 맛!

앞산이 휘청휘청 흔들린다
국 국—
암꿩이 알을 낳았다고 흔들린다

미역취와 더덕을 캐러 산을 오르던 인기척
푸다다닥—
산란의 터를 황급히 엎지른다

한번 들킨 산란 터는
다시는 돌아오지 않는다지
기습을 당한 꿩알이 뜨겁다

깨알 같은 눈물점이 떨어진
탁구공 같은
노른자만 많은 알

알, 맛!

알 만한 맛이 아니다
누설하고 죄를 쓰는
야단치는 맛

눈물 점점 떨어진 노른자 맛이
목구멍을 퉁퉁 친다
국 국—
물 마시지 못하게
앙가슴을 때린다

얼룩을 없애는 순서

얼룩은 묻은 즉시 제거해야 효과가 좋다
얼룩이 묻는 시간은 대체로 거절할 수 없는 분위기
얇은 웃음이 친절을 바르고 믿을 수 없는 신용을 권하는 시간이기 쉽다
곤란한 순간, 당신이 우는 듯 웃었다면 얼룩은 묻는다

어떤 상처들은 뼈에 너무 가까워 아무리 애써도 지혈이 안 될 때가 있지*
시간이 많이 지나 얼룩을 분간할 수 없을 때는 피를 한 방울 떨어뜨려 본다
피가 흡수되면 수용성이고, 핏방울이 만들어지면 지용성이다

피가 묻은 얼룩은 즉시 제거하지 않으면 돌이킬 수 없는 불용성이 된다
얼룩을 없애는 방법은 한없는 불용성과의 싸움, 눈물이 엿이 되는 과정이다

얼룩을 구분하고 싶어 가짜로 죽어본 사람이 있다

그는 분명하게 얼룩의 소리를 들었으므로 얼룩의 얼굴을 잃었다
 이 방법은 권장사항이 아니다 보았으므로 나는 빈 껍질이 된다
 이것은 타의다 타자의 논리다 얼룩의 구분이 분명해졌다

 얼룩을 세탁한 뒤에도 얼룩이 남았다면 표백처리를 해준다
 탈색 우려가 많은 실크 같은 당신, 응고된 불용성을 지우려다 탈색되었다
 본래의 색을 잃어버렸다 이것 또한 권장사항이 아니다

 당신은 동의하기 어렵겠지만
 얼룩은 얼룩무늬가 권장사항이다

＊영화, 〈밀리언 달러 베이비〉.

홍옥분의 주방에서

냉장고 문을 열자
온몸에 피멍이 든 닭 일곱 마리가 검은 비닐봉지에서 쏟아진다

주인이 시내 나간 틈을 노려
이제 막 알을 만든 새 닭들을 일곱 마리나 물어뜯은 사건이라면 큰 사건
닭볶음탕의 후일담으로 식탁에나 놓일 안주라면 큰 안주

닭들은 얼마나 배 안의 알을 굴렸을까
소리 질렀을까 퍼덕거렸을까
날아오를 나무가 없는 닭장 안에서

호시탐탐 때문이다 혀와 꼬리를 거두고 이빨을 드러낸 때문이다
주인이 집을 비운 한낮의 햇살 때문이다

날개를 가졌으나
알 낳는 기능이 완료되면 압력솥의 폐닭으로나 고아질 어미

닭의 배 안에서
 붉은 알들이 옹기종기 모여 알에서 깨어날 궁리를 죽이고 있다

주인이 없는 주방에서 닭볶음탕이 끓는다
고춧가루를 듬뿍 넣어 끓여도 피멍이 풀리지 않는 햇살 자국
호시탐탐을 거두어 저녁의 밥상을 차린다

애기씨! 애기씨! 굴리며 단칸방에 나를 품어준 엄마 닭
홍옥분이 돌아올 시간이다

생활의 달인

이 기술의 요령은
칼을 쓰되
피 한 방울 흘리지 않고 힘줄과 뼈를 도려 살점을 떼는 것

휙, 배갈 든 박카스를 마시고 빈병을 쓰레기통에 던지는 정확한 투척
미명이다

담장 높은 무거운 비명이 미간의 인당을 가르며 위층에서 떨어지면
쿵!
내장 한 보 지하로 낙하한다

이골이 난다는 세월의 훈장을 달고 달인은 칼을 쓴다

우황 든 소는 감(感)이 다르다
뜨거운 내장 속에서 동물의 사리가 감지될 때 달인은 하눌님을 생각하고

검사원은 달인의 눈을 샅샅이 훑는다

간과 위는 대립하는 장기
시간 맞춰 사료 먹는 비육우는 위는 좋고 간이 나쁘고
방목소는 관리가 빠졌으니 위는 나쁘고 간이 좋다

　내장 한 보 질펀하게 펼치면
　간, 지라, 대창, 곱창, 양, 천엽, 위, 쓸개, 허파, 오줌보가 쏟아지고
　위를 걸쳐 홍창, 대창, 곱창을 걸러 홍문으로 빠지는 짐승의 일생이 수습된다

간이라면 곁간이 제일이고 지라 중에는 참지라가 제일이라
언제 한번 곁간을 찍어 배갈 한잔하겠는가?
씩 웃음을 닦는
생활의 달인

쥐술

수입목을 덮은 천막을 걷자
새집 같은 쥐 둥우리에 발간 새끼 쥐가 다섯 마리
발가락을 비틀며 꼬물거린다

새로 짓는 집의 난간을 지으려다
쥐들의 난간이 먼저 당도한다

유행성출혈열이 닿지 않은 발가락 사이로
중풍에는 쥐술이 약이라는 민간의 문장이 지나간다

진저리치는 요법

'지은 업장이 병이 된다지'
경고성 문장이 휙 지나간다

두 손으로 쥐집을 들어 나무의자에 옮기자
의자 밑으로
툭

툭
떨어져 나동그라진다

필생의 발버둥
벌, 벌, 벌, 기어간다
사람의 발로 네 발자국
천리 먼 길

30년산 쥐술에 방금 죽은 쥐를 추가한다
한차례 죽은 쥐가
화르르 또 죽는다

통화권이탈지역

오후 두시면 햇빛이 야간 모드로 전환되는 입산금지구역으로 다래 따러 간다 지렁이를 찾아 산돼지가 들쑤시고 지나간 화전 헛고랑에 휴대전화가 울린다 귓밥을 물고 올라오는 밀착의 비음 아포가또 커피 향에 아이스크림이 익사하고 배경으로 깔리는 음악은 베빈다의 파두 '존재 그 쓸쓸함에 대하여' 정작 이쪽 목소리 씹히는지 귀엽게 투덜대는 중음신의 거리다

체*는 혁명을 마치며 중음의 쓸쓸을 미리 귀뜸했지

안녕 호세피나! 쏟아지는 총알의 애무를 받으며 당신의 심장을 데려왔지 돌아보지 말고 하던 일을 계속해요 커피를 내리고 초원의 음악을 들려줘 존재를 견디는 쓸쓸한 음악을

입산금지구역은 야생의 나라 철근을 구부려 만든 묘지 보호용 철책 위로 가을 산의 야간 모드가 들어온다 한 다래키를 딸 수 있다는 다래나무 곁에 왔으나 다래나무는 키를 세우고 늙은 뽕나무를 사정없이 휘감으며 목을 조른다 다래나무 곁에는 언제나 늙은 뽕나무가 있다는 말 뽕나무 곁으로 집착을 끊지 못하

는 다래나무가 찾아왔을 것이다 그 다래나무가 만드는 공중감옥 아래로 커피 캔과 뒹구는 소주병이 침범했으니 내려가라 내려가라 어둑어둑 가을 산의 야간 모드가 등을 떠밀고 서둘러 하산하는 산의 발목에 으름나무는 으름장을 놓는다

---

*체 게바라.

에귀 뒤 미디(Aiguille du midi)*

우주의 블랙홀로 가는 골짜기가 있다면 여행 가고 싶겠지? 페루나 네팔 스위스나 알프스 록키산맥이나 프랑스의 몽블랑에는 우주의 블랙홀로 가는 비밀 통로가 있대. 샤머니 마을에는 50년에 한 번씩 크레바스에 빠진 사람들이 설산의 눈썰매를 타고 지상으로 내려온다는군. 이를테면 블랙홀의 문이 화들짝 열리는 거지.

난 단숨에 몽블랑에 가고 싶어 구글을 클릭했어. 영혼의 순간 이동이지. 샤머니 마을은 겨울에도 꽃이 피었군. 새들은 왜 유리창에 똥을 싸는 거야. 이런 케이블카가 멈췄네. 로프 하나에 목숨을 걸고 설산을 오르는 기분, 사뿐 가뿐 아 어지러워. 몽블랑의 구름 씨 '당신은 설산에 오셨습니다. 고산증을 조심하세요.' 죽을 듯이 숨이 찬 호흡은 어디에 놓을까요? 어리둥절 구름 씨가 서빙하는 에스프레소. 오늘밤 잠신의 눈물이군요.

몽블랑에서는 크레바스에 빠진 사람들이 50년에 한 번씩 설산을 내려온다는군. 냉동된 그이들을 누가 마중 나가지? 여보세요. 거기 누구 없어요? 부메랑의 메아리가 설산을 울리고 있어요.

크레바스에 빠진 사람들은 모두 코스모스로 갔을까? 카오스로 갔을까?

오 추워 너무 가려워. 저 나무들 나무나무 하면서 귀의하잖아. 나는 수목장은 안 할 거야. 사람을 먹은 성성이가 되어서 그늘이나 넓힌다면 나는 싫어요. 그냥 풀어지면 좋겠어. 흩어지면 좋겠어. 참숯가마의 굴뚝을 떠난 연기처럼. 연기(緣起) 연기(緣起) 하면서 흘러갈 거야. 구름 이쁜 염소로 흘러갈 거야.

---

*알프스 산맥 중 최고봉인 몽블랑(4,810m)을 한눈에 보는 전망대.

누구시냐고 물었다

어렵사리 집을 팔고 이삿짐 장롱을 들어내는데
갇혀 살던 첫 벽지가 툭 떨어지며 자진한다

묵은 체기가 한꺼번에 올라오는 시간의 먹먹

서른 넘어 들어와서 쉰 넘어 나가는 집
이쯤에서 놓아주니 고맙구나, 집아

따라오면 안 돼
다른 건 다 버리고 고향 후배라고 그중 비싼 펄 비단 벽지를 DC 해준
민족장판 주인의 싱글벙글만 떼어간다

이삿짐 트럭에 시동을 거는데
떼어놓은 빚보증이 잽싸게 올라타며 히죽거리고
속내를 주고받던 목련은 골목 끝까지 따라 나와 콧물을 펑펑 풀며 운다

퍼런 이끼를 두르고 팔이 잘린 늙은 목련의 허리통을 꼭 안아주며
 탈나지 말고 잘 있거라 두드려주었다

며칠 뒤 새 주인에게서 전화가 왔다
 '수도관 터지고 천장이 새고 난리 났어요. 한번 와보세요'

차일피일 미루다 한참 지나 찾아갔다

실컷 울고 난 집이 안면을 싹 바꾸고 우아한 커튼에 데크를 두르고
 한우고기를 구우며 지나가는 손님을 호객하고 있었다

발목 잘린 목련만 시멘트를 뒤집어쓰고 골목 끝에 주저앉아
 누구시냐고 물었다

들임예(澧)
— 창작실에서

쪼르르 오줌 누고 쿠루룩 물 내리는 배변의 소음만 오가는 방들
그림자들이 걸어 나와 복사꽃 종점으로 저녁 산책을 나간다
옥수수 껍질이 희끄무레 날리는 어두운 봉당 할머니의 키질
단체로 인사를 건네도 무심히 돌아보는 표정 뒤에 개들도 짖다가 주저앉는다

밭돌이 많은 복사꽃 종점 산 같은 돌더미 반환점을 돌아오는 깨밭 머리에 고양이 눈
깻잎과 고양이는 어울리지 않는 문장 구조 고양이는 깨밭을 떠나 돌더미에 오르려나

어울림을 떠난 고양이의 낯선 문맹이 불을 켜자 보채는 젖 울음도 없이 저녁 거미가 앉는다

장르를 단속하며 그림자들이 사라지고 다시 배변의 소음과 24시간 벌레송

울음의 볼륨을 한껏 높이고 낭자하게 흐르는 가을 벌레들의 이명
　살그머니 캔맥주 따는 베란다 밖 일편단심 묘지형 체위에 날아다니는 혼불, 반딧불, 별빛들

　저녁을 굶고 단심의 문장을 기다린다 13일의 금요일
　칸칸마다 호명하는 문장이 귀동냥을 물어와 두드린다 파닥인다

　문장을 들이고 모신다 예를 갖추어 입주하듯이
　잉어그림을 받아 걸 듯이

지네

살 발라낸 사람의 등뼈는
한 마리 지네를 닮았다
열아홉 개의 절지를 거느리고
벼랑을 타는 지네를 닮았다

핏줄과 권속을 거느리고 집안의 장남으로 삶의 벼랑을 타던 그가 삼성병원 11층 암 병동에서 머리를 밀었다 무균실 저 안쪽에서 겹겹의 문이 차례로 열리며 링거 꽂은 지지대를 밀고 그가 천천히 걸어 나올 때 오후의 햇살은 잠시 마른 등뼈 위로 흘러내린다 스물네 개의 척추에서 흘러내린 등뼈의 이름들 경추 만곡 흉추 만곡 요추 만곡 골반 만곡이라 불리는 해부학 용어들이 흘러내린다 지네의 절지들이 흘러내린다 척추뼈를 이르는 해부학 용어는 눈물겨운 단어 굽이굽이 돌아가야 비로소 진경을 보게 되는, 힘에 부쳐도 포기할 수 없어서 더 눈물겨운 단어 그가 골수를 채취해 간 골반 만곡을 보여줄 때 지네 한 마리 기어가다 움찔 놀라는 형상이다 다시 벼랑을 타려고 절지를 움직이는 형상이다

제2부

뒤가 사라졌다

그만그만한 건물들의 뒤만 보이는 4층 국선도장
이리저리 몸을 풀며 맞은편 밖을 내다보면
망가지고 덧대서 거무튀튀한 뒤가
버려진 가구 틈으로 살림을 차리고 있다
5층까지 기어오른 담쟁이덩굴의 뻗치는 힘
굳게 닫힌 녹슨 철대문 안에 사는 모르는 사람의 안부
쓰레기봉투 옆구리를 뜯으며 힐끗 돌아보는 들고양이
다리 한쪽을 들고 계단에서 우줌을 누는 집 나온 애완견
비 오는 날, 그 피폐한 애완견과의 하염없는 눈 맞춤
중기단법과 건곤단법 원기단법을 거치는 동안
눈에 익은 문화센터 4층의 뒤는 변하지 않았다
어느 날 새 건물이 들어서면서 모든 뒤가 때를 벗었다
볼 것 없이 말끔해졌다
이상한 건 그 뒤부터 내 뒤가 켕기기 시작했다는 것
단법이 올라 진기단법으로 승단했다지만
수련의 도는 더 얕아지고 맨 앞에서 운동하는
나의 뒷모습에 신경이 쓰인다는 것
오매불망, 미려(尾閭)*가 문을 닫았다는 것

---

*등마루 뼈 끝에 있는 미려혈(尾閭穴).

말빚

초등학교 1학년 때, 성춘이네 사랑에 살던
영란이는 서울에서 이사 온 서울 계집애
그네 엄마는 깨진 거울 놓고 성냥개비로 눈썹을 그리고
그네 언니는 똥꼬 보이는 짧은 치마를 입고 동네를 싸댕겼지
학교에서 돌아와 부뚜막에 앉아 맨밥을 떠먹을 때
밥때만 되면 뒤를 따라와 부엌 문지방에 걸터앉아
오르내리는 밥숟가락을 뚫어지게 노려보다가
말이 되지도 않은 말을 시키며 약을 올리며
말꼬리를 붙잡고 말빚을 지웠는데
말빚 하나에 밥 한 숟가락 화를 내면 두 숟가락
엄마 몰래 전전긍긍 말빚을 떠먹였네
어느 하루 부슬부슬 비 오는데
나무 하러 간 엄마는 비 맞을 텐데
영란이 아버지가 찾아오고 영란이네 부엌에서
오래 묵은 곰팡내를 밀치며 전 부치는 냄새가 흘러왔네
영란이네 식구들 떠들고 밥 먹는 소리 간간이 웃는 소리
나는 마루 끝에 앉아서 엄마의 나뭇단을 생각은 하면서도
영란이네 부엌으로 쏠려가는 군 입맛을 단속하지 못했네

미나리 넣어 부친 부침개를 들고 양양하게 나타난
눈꼬리가 올라가고 얼굴이 포로족족한 사무라운 영란이
그때 배웠어야 했네 밥 먹듯이 굶다가도
부침개 한 장으로 단박에 맨밥을 엿 먹이는 일
혓바늘 같은 말의 소름을 모아도 시 한 그릇 못 짓는 일

꽃들의 골짜기

5월이면 천 가지 꽃이 피어나는 골짜기가 있다네요
누구든지 그 골짜기에서 사흘을 지내고 나면
과거는 모두 잊고 저마다의 이상향 샹그릴라로 간다네요
샹그릴라에 혹해서 꽃구경 가자는 꼬드김의 뒤를 따라갔죠
'두능두씨 윤임지묘'가 있는 운둔의 골짜기
점점홍, 점점홍, 그야말로 홍홍이 낭자한 골짜기
천지간에 야생화 모두 모여 향기를 가두고 발효 중이더군요
야생에 취해본 적 있나요 당신?
전복이 이렇게 쉽다니요
코를 벌름거리며 흠흠거리며
빈대떡이 뒤집어지고 갱년에 물이 오르죠
아직도 열녀 지병을 앓고 있는 안타까운 당신
골짜기의 야생은 어때요?
무인지경, 전인미답, 누설밀봉,
여기가 어디라고 말할 수는 없어요
살아온 기억을 모두 잊고 단숨에 샹그릴라로 가고 싶다면
방금 무녀(巫女)가 칼춤을 추고 작두를 내려선
은둔의 사잇길로 안내할 수 있어요

오, 그러나 돌아오는 길은 몰라요
아직도 열녀 지병을 앓고 있는
당신, 야생으로 오세요

온도의 감정

분노가 부서졌다
깨진 미움이 쏟아졌다
날카로운 언어의 사금파리를 모아놓고 고민한다

분노와 미움을 이해하는 마음의 온도를 9도라고 하자
후회가 내장된 9도의 온도를 식히는 마음을 2도라고 하자

하늘 한번 쳐다보고 찬물 한 잔 마시는
터닝 포인트에 방점을 찍는 서툰 기술

9도는 장전된 화살을 0 안에 명중시키는 쏜살의 어조다
 사금파리를 모아 새 집을 짓는 일은 미친 듯이 9도를 쏘아대는 활궁 터
 끼니마다 찬물에 밥을 말아 거친 목넘이를 달래며 새 집을 짓는다

 혈육과 무촌의 전면 대립전이 전개되었다
 내장된 후회를 가리는 안개전술이 복면무사로 벚꽃을 베러

왔다

  2도를 사용하지 않았다면 우리는 폭발해서 해체되었을까
  간신히 2도를 사용한 새 집의 마당에 민들레가 피었다

  하나! 하고 부르면 돌아보지 않지만
  애들아! 하고 부르면 모두 돌아보는 민들레 홀씨들

  안심의 꽃밭에 통바람의 온도가 들락인다
  후회의 얼굴이 깨끗해졌다

슬픈 몽족
―신문에 실린 소년 몽족의 사진

AK-47 소총을 옆구리에 차고

밀림을 누비는 소년 병사

군화가 없으므로 철모와 장갑이 있을 리 없다

라오스 공산군의 추적을 피해

수십 년째 정글 속에 살고 있는

언제든 방아쇠를 당길 긴장의 자세로

밀림을 누빈다

맨발로 누빈다

갈라지고 터진 청춘의 맨발들

AK-47 소총에 방아쇠를 당기는 검은 얼굴

소년 병사의 비장한 눈빛

그 빛나는 처연의 미학

청춘 마감

좀 더 분명하게 보려고 수골실(收骨室) 유리창에 이마를 댄다
방금 천도의 화구를 빠져나온 살이 내린 뼈
만지면 강아지풀 같을 보드라움이
고스란히 수북하다
희고 둥근
말 못함

뜨거운 김이 서리는 유리창에 더 바짝 이마를 댄다
힐끗, 눈만 보이는 직원이 잠깐 나를 돌아보고
한 삽에 다 못 담아
두 삽에 나눠
담는다

제 남자의 가슴에 뜨겁게 안기는 조카애의 유골함
다섯 살 딸애가 죽은 엄마의 이름을 읽는다
방금 누가 이 세상을 다녀갔나?
오긴 왔었나?

명복공원 화장장에 배롱나무꽃 환장하게 피었다
곡기를 끊고 환장하던 애비가 쓰러진다
두 점 혈육은 꽃을 들고 뛰어논다
서른세 살 어여쁜 아기 엄마
'넌 나쁜 년이야'

초극하는 혼
— 전혜린

공포는 황혼에 출발합니다
나는 한 번도 생에 위안자를 갖지 못했어요
이를 악문 쾌활의 가면이, 술을 마시면
의식의 수면 위로 떠올라 존재의 슬픔만이 융융합니다
미래 완료의 시간 속에
어깨를 기대어 울고 싶은 단 한 사람
대자즉자존재(對自卽自存在)
신(神)이고 니체이며 랭보이고 발레리인
당신이 디뎠던 땅조차 입 맞출 수 있는 정신의 매혹자
영혼과 영혼이 부딪히는 그 찰나에 보는 영원
어딘가에 있을 쌍둥이 혼을 찾아 나는 헤매었습니다
바람만이 깨어나 나뭇잎을 쓸어가는 한밤중
거짓과 거짓을 비벼가며 쾌락만을 좇는 인식 없는 나날
이렇게 또 하루가 흘러가도 좋은 것인가요
독서와 자연만이 나의 오락입니다
정신은 봄, 몸은 가을
김빠진 소다수 같고 식은 숭늉 같은 나날
나는 단 한 번도 사랑이란 말을 알지 못합니다

단지 애모라는 말을 알아요
내 안에서 발견한 여자가 나를 절망하게 합니다
기쁨의 극단 괴로움의 극단은 어디일까요
각자의 영혼 속 신비와 비밀을 누가 알 수 있나요
섣부르게 나를 안다고 하지 마세요
마음속 지옥에 고독이 번식하고
맑고 맑은 의식의 세계에서 늙은 잉어처럼 살고 싶어
노을이 타는 유리창에 얼굴을 묻고
우는 여자가 있습니다

당신의 삼우제

 은빛 억새가 욱신거리며 흔들린다. 내게는 어머니 같은 당신의 삼우제를 지내고 먼 산코숭이를 돌아 나온다. 짚 검불과 외얽이가 드러난 곳집을 지나, 당신이 살던 각성바지 드문 집성촌을 오래 바라본다. 차비를 아끼느라 걸어 다니며 연두색 오리털 잠바를 사준 당신, 뒤집으면 보라색 오리털 잠바로 남은 당신.

 안개등을 켤까 말까, 저녁 거미 내려앉는 혼음(混陰)의 시간. 누군가는 삼겹살을 노릇하게 구워 상추쌈에 파무침 얹어 백세주 한 잔 홀짝 넘기는 시간. 당신은 구역예배 가려다 말고 4차선 대로 중앙에서 저세상으로 가는 시간 열차를 슬쩍 갈아타셨네. 갑자기 몸을 벗고 얼마나 놀랐을까.

 집안 대소사 미리미리 점검하고 일찌감치 한 시간 먼저 나가 시골버스 기다리던 집안의 늙은 아낙 둘. 돌아갈 준비 없이 갑자기들 떠났다. 한 시간에 한번 오는 시골버스를 담배 피우다 놓치고 막걸리 마시다 놓치고 세 번째야 겨우 타고 읍내 장에 다녀오는 시아버지는 한 백 년을 살다 가셨다 당신이 가신 저 너머는 코스모스일까 카오스일까. 코스모스 시들기 전에 카오스로 떠나간 사람들. 가끔 꿈에 찾아와 꿈의 기호로 전달하는데 나름대로 해몽하면 거기보다는 여기가 낫다는 생각. 엄살 피우지 말아야지. 그냥 다 놓고 살아야지. 붙잡지 말고 상처 주지 말고 말조심하고 살아야지. 습관처럼 기대는 사람 슬쩍슬쩍 밀어도 봐야지.

영안실 자주 가니 이승이 꿈속 같고 비문(飛蚊) 어린 눈앞에 아른거리는 소복 입은 여자들이 먼 세상사람 같다. 말로만 한몫 거드는 이들은 울음 한번 크게 거들더라. 가슴이 미어지면 소리는 끅끅대고 울음은 기어들고.

아들아, 나 죽거든 입관할 때, 내 얼굴 붙들고 울지 마라. 효도하지 못했다고 후회도 하지 마라. 키울 때 재롱이 많아 효도는 선불로 받았으니. 통조림 같은 이세상 헤어질 때, 이별은 나비처럼 영원 속으로 날아가리. 이승이 꿈이라면 영원 속에서 깨어나리. 다시는 이세상에 오지 않으리.

바람이 분다 살자꾸나. 조바심의 급행열차는 느긋하게 놓치면서. 커피 마시다 놓치고 백세주 마시다 놓치고 천변에서 팔딱 뛰는 물고기들 재롱잔치에 불려가서 배꼽노리가 저리도록 까드드득 넘어가다 놓치고. 봄 하늘 아래 놀다가 놀다가 머리에 왕벚꽃 꽂은 채, 꽂은 것도 깜빡 잊고 그제서야 가야지. 아침밥은 든든하게 잘 먹고 벽에 기대어 배를 쓰다듬다 장난삼아 밀치면 슬그머니 쓰러지며 안녕!

길상사에서

골방 달력의 등에 업혀
쓸쓸의 모가지를 쓸어안고 싶은 날
사천왕상이 절집을 나갔다는 길상사를 찾았다
분명 처음인데, 시공을 당겨 오는 소슬한 옛 느낌
사기잔에 커피를 받아 기시감의 손목을 잡는다
새 집처럼 걸린 스님들의 요사채가 티베트의 산사 같다
나 전생에 저 새 집 하나 얻어 한철 수행에 들었었다
층층층 흐르는 계곡 옆, 빈 구들장이 나의 수행처다
수행은 뒷전이고 공부 대신 잠서나 끼고 살았었다
지지부진 변방을 떠도는 쓸쓸한 과보와의 대면
다 잊고 가부좌나 틀었으면, 생각 끝에 절은 머문다
단청도 벗고 오방색도 벗고 먹탱화를 모시는 이유는
한때 찬란했던 사랑과 권력의 여유로운 뒤태 같은 것
내세를 관장하는 아미타불을 극락전에 모시다니
사랑이 이렇게도 지독하다
영한 여사의 발우 공덕비 위에 떨어지는 낙엽들
종일 놀기 좋은 계곡 옆 빈 구들장에
쓸쓸을 두고 왔다

새

하늘을 나는 새들의 거처는
딱 한 움큼
언제든 헐어버리고
날아갈 수 있는 무게다

18평 낡은 주택에
몸을 묶고
저녁이면 어김없이 돌아와
비상을 꿈꾸며 잠이 든다

봄꽃은 한꺼번에 터지고
꽃에 홀려 들에 나간 봄날
날개를 힘껏 벌리고 다이빙 자세로
배추밭에 머리를 박고 죽은
산비둘기를 보았다

온몸으로 투신한 새가
노려본 곳은 하늘이 아닌

지상의 먹이 쪽
허공에 수리 두 마리
먹이를 찾느라 빙빙 돌고 있었다

시인

독한 비애만 안겨주는 詩 같은 건 잊을 거라고
작정하고 돌아서서 생업에만 몰두하던 사람
늦은 등단을 축하하는 뒤풀이 자리에서
밥그릇은 밀어놓고 술잔만 홀짝인다
뼈만 남은 살가죽에 이제야 진홍빛 화색이 돌고
이렇게 마음 놓고 창자의 신물을 토해도 좋은
궁기의 배고팠던 사랑
흔들리는 노래방 불빛 아래
혼절했다가도 벌떡 일어나는
목 빠지게 못 잊었던 기다림의 궁지*
휘청거리는 막춤으로 쓰러지는 사랑이다
가슴을 헤치고 두 팔을 벌려 내달리는 사랑이다
흔쾌하게 바닥이여 눈독을 들이시라
시인이 가는 길에 징검다리를 놓으시라
이렇게 먹먹한 울음이 우는 여기는
쓸쓸한 강물만은 아니리
황량한 벌판만은 아니리
죽어서도 살게 하는

그 무엇이리

---

*황학주의 시 「여기를 사랑이라고 하나」에서 차용.

장화 클럽

   절대로 자식 자랑하지 말고 시 같은 건 아는 척도 말아요 기타를 치며 몸을 흔들며 그냥 마시고 놀아요 여기는 발파라이소 네루다의 친구들 장화 클럽이 아니에요 폭설이 쏟아지는 외따로운 농가의 비닐하우스 안이죠 개울 건너 비닐하우스에서 개 키우며 혼자 사는 문영규 씨 장화를 신고 무릎까지 눈이 푹푹 빠지는 개울을 건너왔죠 조금만 눈이 쌓여도 쓸고 또 쓰는 이웃 농장의 공학 교수님 오늘은 손님 한 사람을 데리고 미끄러지며 내려오네요

   입장료는 없어요 이 겨울을 키우고 싶다면 장화 클럽으로 오세요 비대한 정신, 비대한 몸매, 모두 줄여 드릴게요 네루다는 멕시코시티의 밤하늘로 트럼펫의 높은 음을 쏘아 올렸죠 우리들은 장작난로에 군불을 지피고 풀썩이는 먼지와 열기를 쏘아 올려요 씽씽 바람은 전신주를 흔들고 폭설은 쌓여만 가네요 난로 위에 고구마는 익어가고 은행 알은 튀고 밤 껍질은 터지네요 이렇게 사흘이고 나흘이고 눈이 더 내리면, 처마까지 눈이 내리면 바지랑대에 새끼줄을 감아 넣어 새끼줄 통화를 할까 봐요 세상이 눈 속에 갇히면 지붕을 타고 올라가 살피를 신고 걸어볼까

요 세상이 눈 속에 갇혀도 세상의 음악은 흐르겠지요

  우리들이 좋아하는 그녀도 신발을 까딱이며 즐거워 보여요 네루다는 부서진 배의 화물 창고를 뜯어다 집필실 이슬라 네그라를 지었다죠 그녀의 집필실은 장화 군단이 모여 노는 농장의 비닐하우스 한 구석 해가 뜨는 동쪽으로 조그만 창문을 내고 과일박스로 서가를 만들었죠 장화 클럽의 친구들과 언제나 어울리며 놀지만 시를 쓰기 전에는 손을 씻어요 우리들의 그녀도 오늘밤 이 세상에서 가장 슬픈 시를 쓸 수 있을까요 장화 클럽에 오시면 절대로 자식 자랑하지 말고 시 같은 건 아는 척도 말아요 기타를 치며 몸을 흔들며 그냥 마시고 놀아요 좋잖아요

고요 갈급

고요를 수배 중입니다
누군가 뒤통수에 대고
쾅, 쾅
소요의 대못을 박는군요
정수리에서 노이로제의 집회가 열리기 전에
바삐 고요를 수배합니다

이열치열의 방식
소음에 시달린 마음의 병이 깊어
대숲 사이를 지나는 청음을 구합니다
사람은 들이지 않겠어요
계곡 물소리 바람소리 새소리만 구합니다

멧돼지나 고라니를 부리겠어요
짐승의 수장이 되렵니다
눈이 큰 고라니가 고요 거처의 집사역
반딧불이 눈동자를 등불로 보내지요

나의 고요 거처에는 소리에 상처받은 사랑만이 와서
홀로 높게 키운 감성과 이성의 벼리를 내려놓고
외따로운 평상에서 늦은 저녁을 드실 수 있습니다

사철나무 울타리를 지나
상사화 둘러 심은 마늘밭을 지날 때는
헛기침 한번 주시지요

고요를 주시는 분에게 저를 현상(懸賞)으로 드립니다

하루

 준비운동은 대충 하고 서둘러 가부좌 틀고 눈감으면 기다렸다는 듯이 발꿈치를 따라온 잡념이, 눈뜨면 금방 도망가는 잡념이 눈만 감으면 으레 수인사를 까꿍, 기왕에 늦었으니 잡념하고 놀지요 잡념은 급히 쫓으면 더 붙는 말썽꾸러기 아주 잡히지는 말고 서너 발자국 뒤에서 마음 밭에 찾아온 시끄러운 하루 일과를 밀어내고 당기고, 아주 썩 밀어내고 숨 고르는 동안 마음도 내리고 언제나 오실지 모르지만, 텅 빈 충만의 경지 안타까운 마음의 궁벽, 어디쯤을 숨을 돌리고 또 돌리다가 은연중에 모르게 솟아나는 단침 몇 방울 세 번에 나누어 침을 삼키며 오늘 하루도 안쓰럽게 살았다고 위벽을 만지고 장기를 더듬는다 겨우 하루만큼 기운을 얻어 도장 문을 나서면 가로등 밑에 손살 풀린 그림자가 일어나 나를 몰고 집으로 가는 달빛

제3부

머리카락만

생각난 듯이
바람이 창문을 덜컹이는 봄밤
어머니 방문을 열어보면
잠 안 주무시고
나일론 이불에 붙은 보푸라기를
하나하나 떼어내고 있다
손가락에 침 발라
머리카락 떼어내고 있다
어머니를 모셔온 동생 말로는
가끔 딴소리를 하신다는데
그 말 설핏 귀에 새기고
정신줄을 당기시는지
내 얼굴 보지도 않고
머리카락만
머리카락만
아랫입술 비죽이 내밀고
골똘하게 떼어내고 있다

웬금으로도 환하게

 이 쬐끔 아는 것도 다 고쿨불 덕이지. 고쿨 앞에서 할머니랑 삼을 삼을 때 삼촌은 얘기책을 읽었어. 삼촌이 글 읽는 소리는 낭랑하고 귀에 새뜻해서 무턱대고 그 소리를 귀에 붙이며 웬금으로 받았지. 얘기책은 왜 그리 혹하던지 꺼져 가는 고쿨불에 소깽이를 집어던지며 모조리 받는 거야. 자즌 닭이 울 때라야 고쿨불을 지우니 삼촌과 나는 어른들한테 자주 야단을 들었어. 우리 어머니야 의붓 아래 컸으니 글자 한 자 못 배웠다지만 동네 구장을 보며 한문 선생을 하던 아버지는 왜 날 안 가르쳤을까? 허구한 날 삼촌을 얼러 언문의 본서만 써 달랬지.

 이걸 환하게 읽어라.

 고쿨 앞에서 언문을 배웠지. 읽고 쓰고 환하게, 웬금으로도 환하게, 고쿨을 건네 지른 쇠꼬바리가 발구하게 달아오르고 속이 굽굽해지면 무구뎅이에 나가 찬 무를 꺼내다가 감자 까던 놋쇠 숟가락으로 석석 긁어먹으면 속이 다 시원했어. 오지함지에 그득하게 담아놓은 소깽이를 집어던지면 등잔불보다 화―안 한 밤이 피는 거야.

옥희야! 뽕나무 회초리를 해 오너라.

 장가들고 자꾸 집 밖으로 나돌던 삼촌은 집에 오면 할아버지한테 매를 맞았지. 나는 뽕나무 회초리의 뽕잎을 죽죽 훑으면서 눈 딱 감고 종아리를 내주는 삼촌이 안 됐어. 그렇게 작은어머니가 싫으면 애나 배게 하지 말아야지. 일 년에 한두 번씩 집에 오면서 애는 왜 만들어. 멀리 북간도에는 뭐가 있는지 삼촌은 또 만주로 내빼는 거야. 독수공방 작은어머니는 날 아꼈지. 까막눈을 띄워준 삼촌은 잘 있을까? 죽었으면 연락이 오겠지? 내가 죽었다는 부고를 받으면 날 찾아오겠지?

햇아 같이 모르겠어요

큰아버지 묘에서는 금성 라디오가 나오고
아버지 묘에서는 화투패가 나오고
어머니 돌아가시면 설악산 신흥사에서 받은 보살계첩을
꼭 묻어 달라며 새끼손가락을 걸었는데
어머니 저녁마다 떠나는 보따리를 싸시는데
가슴에 넣어달라던 보살계첩을 뒤적거리며
이게 뭐 하는 물건이지?
쭈굴쭈굴 말간 소녀가
전 생애의 신신당부를 물어 오시면
나는 어떡해요
어머니는 필시 강을 건너기 전에
보따리를 빠뜨렸을까요?
강을 다 건너가신 얼굴을 하고
햇아 같이 웃으면서 빠뜨린 당부를 물어 오시면
나는 정말 어떡해요
천지간에 벚꽃 법문 출렁출렁 터지는데
해마다 들어도 모르겠어요
강 건너 일은 정말 모르겠어요

시제

　이름이야 거창하지만 멀어진 촌수만큼 정성도 멀어져 5대 이상 윗대 조상님들 한꺼번에 모시는 집안의 큰 제사에 가보면 타관에 나간 자손은 물론이고 가까이 사는 촌수들도 불참의 핑계가 많은데 시제를 도맡은 집안 어른은 해마다 한번 볼까 말까 하는 친척들이 괘씸하기도 하고 들어온 이 나간 이 얼굴 헤아리기가 만만치 않았는지 제사에 무조건 참석만 해도 일당 십만 원을 주겠다고 공지를 돌렸는데 생전 처음 보는 젊은 아낙들 부엌에서 설거지가 한창이고 누가 누군지 통성명을 해도 잘 모르겠고 나만 보면 교회 나오라는 형님들은 과방에서 도마질이 한창이고 그 말 듣기 싫은 나는 형님들을 살살 피해 남자들만 그득한 제상 앞에 부지런히 들락거리며 상을 차리고 와중에도 끼리끼리 이야기꽃은 피어나고 왁자하게 때그르르 주발대접은 굴러가고 한숨 돌리는 겨를에도 말 덜미에 붙잡히지 않으려고 나 혼자 구석방에서 제기나 닦고

깻망아지 뿔을 쓸며

여름내 고구마를 키우던 흙을 뒤집는다
호미 날을 살살 돌려가며 고구마를 캔다
발갛게 깨어나는 흙의 속살
회음으로 올라오는 차고 서늘한 지기(地氣)
왜 이리 좋나
가래나무 수액에 빨대를 꽂던 중국산 꽃매미 떼는
미역 감는 내 등에 가래를 던지던 청설모는
팽이 돌리듯 가래를 돌려 먹던 그 얄미운 청설모는
다 어디 갔지
땅 땅 평상 위에 가래 떨어지는 소리 시끌하고
잠자리 떼만 아른아른 어지럽다
가랑잎 진 꽃대를 세우고 꽃이 환한 백일홍
안간힘이다
꿀을 빠는 나비 떼
덩달아 안간힘이다
산을 내려오던 고라니는 정신없이 달아난다
제 딴에는 안간힘
껑쭈벙 껑쭈벙 인가로 뛰어든다

잡히지만 말아라

고구마 순에 붙은 살이 통통한 깻망아지

주황 뿔을 쓸며

마음 밖에 세워 두었던 한 사람을 다시 들인다

꽃구경 값

 봄은 올라가고 가을은 내려오더라. 치어다보는 꽃 덤불은 너무나 궁금하더라. 혼자 보기 아까워 친구들을 불렀더라. 입산금지구역에 무단 입산하였더라. 투구봉에 올랐더라. 발을 헛디뎠더라. 몸을 날리며 황홀경의 진수를 보았더라. 한 사람은 목이 부러졌더라. 해는 지고 길을 잃었더라. 휴대폰은 나갔더라. 추위는 몰려오더라. 덜덜덜 개 떨듯 떨었더라. 어찌어찌 헬기는 떴더라. 기독병원 응급실로 실려 갔더라. 환자가 깨어나 한마디 하더라.

 우리 구경 한번 잘했지?

 벌금이 삼십만 원씩 나왔더라. 안 내고 버티다가 과태료 이십만 원이 붙었더라. 통장에 압류가 들어왔더라. 오십만 원을 빼 가더라. 꽃구경 한번 비싸더라.

타임머신 알츠하이머호

거처를 떠돌며 뱅뱅이가 어지럽던 어머니는 일인용 타임머신 알츠하이머호 캡슐에 들어가 아주 즐거워하시네. 하루 종일 캡슐 안에서 혼자 노는 어머니 혼자가 아니네. 마루집 딸 후인이. 남의 돈 잘 떼먹는 조장애의 손주딸 경예. 정지골집 딸 쇠똥이와 강아지처럼 어울렁 더울렁 장난치며 노닐다가, 밥때만 되면 내가 본 적 없는 어머니의 어머니의 어머님 전 상사리들이 숭얼숭얼 캡슐 밖으로 쏟아지네. 동해바다 수로부인은 갠지스강 모래알을 가지러 천축으로 갔더란다. 이 손바닥이 두둑하니 씽씽하니 언제 수인을 받겠느냐. 웅얼웅얼 높디높은 알츠하이머 캡슐의 암호는 해독이 어려워라. 그러다가도 밥 먹고 트지 하면 거실 바닥에 던져진 우면산 산사태가 난 신문을 들여다보며 '에구머이' 하면서 얼른 이쪽으로 건너오시는데, 캡슐의 안쪽과 바깥쪽을 수시로 자유자재 왕래하는 어머니의 대자유는 아무래도 우주적인 일이구나 생각하네.

이드르르, 복상낭구 피어날 때

―깐늠으꺼 그만 죽었으면 좋겠어
―난 그래도 더 살고 싶어
―영감이 떠받드니 그게 다 언구럭이지
―깊은 산에 이드르르 복상낭구 피어날 때
 나비처럼 후루루 날아가면 좋겠네

노부부들 세 들어 사는 이웃집 담장 너머
산나물을 다듬으며 넘어오는 두런거리는 입말

큰 산 산나물 뜯고 봉양 캐서 캄캄하게 돌아오면
영감이 보따리만 빼앗아 돈만 챙겨가는 할머니 하나
영감에게 언나처럼 수발 받는 풍 맞은 할머니 둘

복상낭구 꽃 이드르르 지나간
깐늠으꺼와 언구럭이 두런대는
어두워 가는 이웃집 봉당
할머니 하나의 손등 위에, 불끈
철망 힘줄이 부어오른다

잉어

가까이 지내는 이가 잉어 두 마리를 보내왔다
두 시간 전까지 고산 저수지에서 헤엄치던 잉어란다
농장 지하수를 틀어놓고 고무 다라에 담가놓았는데
다음날 한 마리가 하얗게 배를 뒤집었다
매끈한 살결이 콧물처럼 풀어져 냄새를 풍긴다
죽으면 부드럽고 매끈한 곳이 먼저 결을 푸는구나
흰 죽으로 위장을 다스리던 아버지 돌아가시자
염을 하는데 뱃구레가 시커멓게 먼저 상했다
고혈압으로 돌아간 시어머니는 얼굴부터 상했다
병을 앓다가 돌아가면 약을 쓰고
사랑을 앓다가 돌아가면 칼을 쓴다던가
식후에 밥알처럼 주워 먹는 알약 닿는 곳이
죽고 나면 먼저 결을 풀고 썩겠구나
약봉지를 놓는 순간 흙으로 가는 지름길이구나
흙으로 가는 지름길 하나 가졌으니 복이라고 할 수밖에
퍼들거리는 잉어를 토막 쳐서 무쇠솥에 안치고
죽은 잉어를 건져다 매화나무 아래 묻는다

들은 숭만 숭

학교 문턱에도 가보지 못했지만
삼촌이 읽는 얘기책 너머로
화살나무 촉처럼 잎눈이 쪼끔 뚫어졌으니
잎눈 새이로 보고 생각하는 게 있잖아
아무것도 모르면 얼마나 답답하겠
아주 깜깜눈이보다는 좀 낫지
주는 밥이나 먹고 닥치는 일이나 하고
책 좀 읽고 그러면
성가시지는 않지
이해가 그렇잖아
근근이래도 보는 게 낫고
지껄이구 아는 척하는 거보다야
가만히 있는 게 낫고
신남 가면 이모한테나 가서 속엣말을 하구
다 그게 편안해
이모도 그저 가만있는 거야
자석들한테 말 옮기지 않고
떠들면 숭이 나가지

들은 숭 만 숭
세상일은 그게 편해

이 늦은 후회

바꿨따아!
뭘 하구 있냐?
뭐 가을걷이 할 거나 있나
내가 가찹질 못해서
보지 못해 답답하다 야아
온제나 가서 보냐
난 그럭저럭 그래
동상보다는 튼튼해
다리 아픈 것도 그만하구
그래두 일을 자꾸 해야지
승주네가 없으니 소식을 몰라
그이가 없으니 도통 깜깜이야

((전화 한 통 연결하는 게 뭐 그리 어려운 일이라고
스마트폰은 들고 살면서
집 전화 한번 연결해 드리는 게
뭐가 그리 어려운 일이라고))

어떤 전조

백 년 만의 추위를 간신히 빠져나온 농장의
포도나무 복분자 나무가 눈을 못 뜬다
꽃불 환하던 꽃사과는 꽃눈 서너 개 떴다
벚꽃도 진달래도 꽃빛이 바래 시들하다
표고는 씨를 앉히고 2년이 지나야 첫눈을 뜨는데
서민은 먹기 어렵다는 꽃 피는 화고를
고마운 사람에게 주겠다고 입바른 소리를 했는데
약속을 못 지키니 실없는 사람이 된다
화고 대신 토종꿀을 보러 새벽시장에 나갔다
삼십만 원 하던 토종꿀 한 병이 오십만 원을 부른다
벌들이 죽고 없으니 이제 토종꿀 구하기 힘들단다
잘 자라던 모판이 쓰러졌다고 조카는 혀를 찬다
구제 불가능한 가축들은 서둘러 구제역으로 떠나갔다
이웃나라는 쓰나미가 덮치고 대문 앞까지 밀물이 닥친단다
160개의 CCTV를 유유히 피해 다닌 컴퓨터 전문가의
완전범죄를 을숙도의 밀물이 밀어 왔다
동해안 모래는 살이 깎이고 서해안 갯벌은 멀어져 간다
누가 오시는 중일까

작은 오빠의 콩 농사짓는 법

콩 농사 그거 별거 아니야

못살게 굴어야 돼

콩 줄기가 퍼지거든

중동을 치고 낫으로 노려

순이 웃자라게 놔두면 안 되거든

콩알이 많이 달리게 하려면

낫으로 중동을 노려야 돼

식물들은 상처를 입으면 얼른 열매를 맺지

동물도 마찬가지야

남 잡아먹는 큰 동물들은 새끼를 적게 낳잖아

잡아먹히는 놈들이 많이 낳지

사람도 약한 놈들이 떼로 덤비잖아

센 놈은 혼자래도 느긋하지

콩은 순을 치고 복합비료를 살짝 줘야 돼

병 주고 약 주는 거지

콩 농사 알고 보면 쉬워

탈수

좁은 철근 우리 안에 불독 세 마리 빈틈없이 구겨져 있다
귀와 눈알과 혓바닥이 우리 밖으로 비어져 나오고 있다
햇빛은 양잿물에 삶는 이불처럼 끓고 있다
개들이 쏟는 침과 오줌이 줄줄 흐르고 있다
오줌을 틀어놓고 침을 틀어놓고 잠글 수 없다
염천에 쏟아지는 공포와 긴장의 분비물을 잠글 수 없다
오토바이를 적시고 바닥을 적시고 하수구로 흐르고 있다
한방병원 마당에서 걸음마 연습 중인 중풍 환자들
삐뚤게 서서 흘러가는 오물을 보고 있다
개장수는 담배를 뽑아 물고 밤나무 보고 있다
아름드리 밤나무 하악하악 꽃을 게우고 있다
개를 실은 오토바이가 한방병원 앞에 삐뚜름히 서 있다

제4부

느낌의 불편한 온도

파리가 손등에 앉아 움직인다
파리가 이마에 앉아 움직인다
불쾌하게 가려운 움직임
눈감으면 움직임의 방향이 더욱 선명하다
이 느낌이 싫다
이 느낌이 확장되면 비행공포증의 부피가 된다
공포의 원천은 불쾌가 촉발이다

사실 파리는 불쾌와 쾌의 의도가 없다
닳고 닳은 측의 손등이 감지하는 센서일 뿐
너의 입술이 닿은 적 없는 이마가 감지하는 센서일 뿐

이 글의 1연과 2연 사이에 겨울 파리가 앉았다
연과 연이 압축되며 파리를 잡는다
잡는다는 동사는 살생이다
동사 하나에 하찮은 생명이 끼었다
하찮은 것은 누구의 조연인가
불편한 온도가 한껏 부푼다

가을 절벽

딱!
마가리에 산밤 떨어진다

딱!
낡은 슬레이트 지붕 구멍을 내고 있다

딱!
마당을 갸웃대던 수탉
푸다다닥
달아나며 똥물 찌익
갈긴다

실눈을 떴다 감았다
하던 늙은 개
벌떡
일어나려다 몸이 휘청
한다

혼자 먹는 밥상을 당겨
먼 능선 바라보던
시린 눈이
두들기는 타악을 들으며
숟가락을 잡는다

호두마루

건드리면 터지는
울음이
방안에 가득하다

가기 싫다는 어머니를
본드처럼 붙으려는
어머니의 발을

억지로 떼어놓고
돌아와
방문을 열자

노란 포플린 이불 속에서
급하게 구겨 넣은 몸빼 옷이
바지 한 끝을 내밀고 있다

북원신협 로고가 찍힌 파란 부채가
뒷수습을 헤쳐놓고 있다

포플린 이불에 이마를 박고 밤을 팬다
송곳두통이 새벽을 찔러온다

설탕은 모든 걸 치료할 수 있나?

어머니가 드시던 땅콩 캐러멜 한 봉지
호두마루 한 통 다 먹는다

설탕에 취한 울음
걷잡을 수 없어
오침(午枕)이나 뒤친다

발로(發露) 참회

찰싹 찰싹 보도블록의 싸대기를 때리며 장맛비 내려요
어두컴컴 쓰레기더미를 때리는 굵은 비의 회초리들
흙의 살가죽을 벗기며 빗매가 땅을 후려쳐요

하안거가 끝나는 날은 수행승들이 자기참회를 한다는 날
 대지를 때리는 빗매를 보며 죄를 고백하고 바랑을 메고 산문을 나선다죠

엄마는 스님이 될 걸 그랬어요

"어머니를 내다버렸습니다"

"어머니를 내다버렸습니다"

"어머니를 내다버렸습니다"

엄마가 비의 회초리를 들어 자기 종아리를 치는 소리 눈감아도 다 알아요

비만 오면 훌쩍대는 엄마 이제 엄마를 놓아주세요
엄마는 비를 붙잡고 비는 엄마를 뿌리쳐요

할머니를 내다버린 길 위에서
치매를 내다버린 길 위에서
저 굵은 빗매를 맞으며 엄마가 울어요

찰싹 찰싹 보도블록을 때리는 빗매
때리는 빗매를 보면 수행승들이 자기참회를 한다는 날
엄마는 스님이 될 걸 그랬어요

마네킹

수건 한 장 걸치지 않은
전라의 여체들이
한 줄로 죽 늘어서서
텅 빈 가게 안을 들여다본다

나도 그들 뒤에 서서
숨을 멈추고
그들이 보는 가게 안을 훔쳐본다

유리문에 되비치는
피가 다 빠진 사람들
관절의 균열이 선명하고
생식기가 없다

마네킹은 핏줄의 관계를 모두 끊은 사람들
언제든 팔과 다리를 빼어놓고 목마저 내려놓은 사람들

혹한에 맹추위가 쏘다니는 문밖에서

호기심의 입성쯤이야 홀랑 벗어놓고

빙그레 웃음조차 띠며
이리저리 제 몸을 비춰보는
도통한 사람들

화요일의 소파

   오갈 데 없어 조용한 복도에 나와 앉은 3인용 소파를 발견한 건 우리들의 행운
   영상미디어 센터 6층에서 쏘울 메이트를 기다리는 동안 혼자라는 감정이 소파 위에 돋아난다
   감정은 돋아나서 쑥쑥 싹이 자라고 잎이 나고 금세 봉오리를 맺는다
   소파에서 부푸는 발랄한 감정은 확장된다

   하루만 더 이 감정의 풀밭에 앉아 있으면 꽃이 피고 나비가 날아올 것이다
   사흘만 더 이 감정의 풀밭에 앉아 있으면 가죽구두를 신고 집시치마를 입은 바구니를 든 소녀가 돌아올 것이다

   쏘울 메이트가 엘리베이터를 타고 지상으로 올라오는 시간
   엘리베이터의 문이 열리고 웃음이 쏟아져 나오면 혼자가 혼자를 찾아 헤맨 시간이 압축된다
   압축된 시간 파일은 급히 저장되고 모니터를 끈다 혼자가 혼자를 만난 심장 근처에서

흥분이 가라앉는다
조용히 해, 두드린다
표범무늬를 가진 화요일의 소파는 감정을 정리하고 다시 오갈 데 없어진다
노랑나비가 되어 잠시 앉았다 날아가는 화요일의 소파

황혼의 오 분간

황혼이란 말은 대대로 늙었지요
저물녘은 왠지 서늘하고
석양은 모범처럼 단정해요
일몰은 사정없이 넘어가고
노을만이 뺨을 붉히며 따뜻하죠
다정 한 숟가락이 없어서
속마음은 그렇지 않다고 구구구 변명의 모이를 쪼는
침묵이나 한 사발 들이켰으면 좋은 저물 무렵
사람에 치이고 말에 치어서 대꾸 없는 잡풀이나 뽑아요
한 뼘 남은 햇덩이가 어김없이 호미질을 불러내고
소나무 숲으로 붉은 손을 뻗으며 노을 떨어질 때
오 분이면 캄캄해질 소나무 숲 깊은 속을 눈에 넣으며
햇덩이가 풀어놓은 빛 그물 거둬들이는 장관을 바라봐요
누구라도 저 그물의 투망을 빠져나갈 수 없으니
나는 한 마리 반짝이는 향어로 걸려들어서
석양의 그물이 끄는 대로 끌려가서
사정없이 바닥을 때리며 튀어 오르고도 싶은
그 잠깐 황혼의 오 분간

어느새 붉은 노을이 좋은 나이가 되어서
저물녘이면 일손을 놓고
스러지는 해넘이를 따라갑니다

빙어

속을 환하게 보여주며 달아나는 빙어를
뜰채로 건져 둥근 접시 위에 담는다
상추와 당근 부추 파 마늘 오신채에
펄떡이며 뒤집어지며 몸부림치는 빙어들
재빨리 랩을 씌우면 튀어나올 틈이 없다
랩 위에 열십자로 칼금을 긋고
회고추장과 겨자를 짜 넣는다
고추장과 겨자를 먹은 강렬한 춤사위
죽기 살기의 난리 블루스를 관망하는
죽은 야채가 춤을 추는
미처 죽지 못한 꼬리가 팔딱이는
기다렸다는 듯이 잔을 치고 쭈욱 들이켜는
한 젓가락 빙어회를 집어 올리는 손은

소년 가을

자취하던 옆방에 돗자리장수 모녀가 귄을 들었다
날은 치운데 나일론 이불 하나로 겨울을 나려는지
군불 때는 연기가 자주 흙벽을 넘어왔다
저 아래데 말씨를 느릿느릿 쓰는 모녀의 밥상에 불려가서
남편은 군대 가고 전국을 떠돌며 멧자리 파는 내력을 듣는 저녁
한방 쓰며 자취하던 희숙이는 이질에 걸려 곱똥을 누고
뒷간을 들락거리는 희숙이가 안됐는데 부엉이는 우는 밤이었다
눈이 헐끔해지고 가랑잎처럼 흔들리는 소년 가을이 놀다 가는 밤이었다

귀신사(歸信寺)

귀신사 영산전 마당
봉당에 묶인 개 두 마리 엉기며 논다
축구공을 돌리며 논다, 노련하게 논다
많이 놀아본 솜씨다
승용차 한 대 급하게 절 마당에 닿고
등산화를 신은 젊은 여자 둘이 내린다
한 여자는
돌계단을 올라가 개들과 축구공 돌리며 놀고
한 여자는
돌계단 아래서 다급하게 담배를 빤다
무슨 생각에선지
아예 털썩 주저앉아
볼이 쏙 들어가도록 한 대 더 빤다
영산전 파초 그늘 기다리다 목이 빠지고
담배 다 피운 그 여자
얌전하게 돌계단을 올라가
대적광전 맷돌 위에 등산화를 벗어놓고
진지하게 문고리를 잡는다

목관

시월 하순 비가 내린다
목관으로 빗물이 스며들어
어머니는 추적추적 젖겠다
천 도의 불이 지나가자 서늘한 물의 차례다
몸을 벗고 나무 아래 누운 지 팔 일째
빗물은 낙엽 위에 발자국 소리를 지우고
사정없이 목관 속으로 스미겠다
안개만 끼어도 우두둑 비틀리던 관절 마디마디
비가 오니 매봉산 골짜기에 고통의 골음이 차겠다
이렇게 빨리 서늘한 비가 내려서
목관 속의 가루뼈는 진저리를 치겠구나
어머니 오늘은 몸을 벗으신 지 사후 팔 일째
가을비는 나무의 수피를 갉아먹는 소리를 낸다

성녀는 어느 바닷가에 닿고

바다는 펄펄 끓고
그 먼 바다는 몇 배로 울럭불럭 끓고
성녀는 돌아간 어머니를 찾아 눈 깜짝할 사이에 끓는 바다에 닿았는데……

세 번째 바다에 어머니는 책갈피를 끼우셨다
송창호 내과에서 내복약으로 받아온 관절약 영수증
어머니를 찾아 먼 바다로 가는 단서

어머니의 어머니의 어머니는 부뚜막에 간수 마신 복주깨를 엎어놓고
어머니의 어머니는 서른의 아홉수를 엎어놓고
어머니는 열일곱에 첫애 낳고 국밥을 뜨려다 말고
방문 앞을 지나는 상여를 마주하고

광목(光目)의 바다를 찾아가는 어머니의 통기문

지장경 50쪽에 관절약 영수증을 책갈피로 끼워두고

삶아놓은 고기 같아 일어설 수 없다는 무릎을 끌고

광목(光目)의 바다를 찾아 가는 암호문은
영수할 수 없는 관절, 관절약 영수증

한 열흘만 안 될까요?

화농한 벚꽃 발진 청풍 호반을 따라 뱅뱅이 돌리는 날입니다

주지스님이 외출한 정방사 툇마루에 앉아
꼭 저세상만 같은 먼 능선을 세어보는데

봄 햇살에 까불대는 마당 화단의 봄꽃들
능선을 흔들어대며 눈시울을 콕콕 찔러대며

열둘 같기도 열셋 같기도 한
꼬리연처럼 팔랑이며 흐르는 먼 능선을
세어보고 세어보고

주지스님은 안 돌아오고 해우소 중에 가장 이쁜 해우소야
똥간에 붙여놓은 고은의 시도
읽어보고 읽어보고

집 나간 마누라야 혹시 이 시를 읽었거든 돌아오렴
무슨 그런 말씀을요 똥통 아래 피어나도 집을 나가겠네

민들레야 꽃다지야 수수꽃다리야
한 열흘만 살다 가면 안 될까요

사람 좋은 공양주 보살 둥둥한 궁뎅이를 따라가며
안 될까요 안 될까요

찌울뚱 찌울뚱
먹다 남은 양주걸음을 따라가며
한 열흘만 안 될까요

경(經)을 닫다

이것은 저 달빛이 운영하는 밀물과 썰물의 관계일까요
아니면 은하에 뿌리를 둔 저 별들의 조화일까요
다달이 하혈의 봇도랑이 흘러갈 때는 몰랐어요
청춘에도 오르지 않던 신열이 문을 닫으니 위로 역류해요
귀찮게 보면 질병이고 곱게 보면 꽃이지요
무시로 발열하는 어여쁜 홍조, 잘만 키우면
공작꼬리선인장꽃 같은 큰 꽃 하나 피우고도 싶어요
신열의 밀물이 올라오네요
기억과 논리와 이성의 둑을 타고 올라오네요
우묵한 저지대에 있던 무의식의 뚜껑이 열려요
육체를 이룬 뼈, 신경, 피의 조직이 봉기해요
이것은 저 달빛이 운영하는 은하계의 혁명
새벽안개 불러내는 초인술에 끌려서
붉은 그물에 끌려간 비단잉어의 전언을 기다려요
경(經)을 닫고 경전을 필사하는 밤이에요

해설

마음의 궁지(窮地)에서 부르는 노래

우대식 시인

1.

돌이켜 생각하니 박재연 시인을 만난 지도 십여 년은 된 것 같다. 지금 박재연 시인의 집이 있는 자리, 그러니 그때는 집은 없었고 비닐하우스와 방갈로 비슷한 곳에서 밤새 술을 마시고 난장을 떨었으니 돌이켜보면 주인장께서 무척이나 괴로웠겠다는 생각이 든다. 여름 가까운 무렵이었는데 하우스 옆 계곡으로는 치악산 깊은 골에서 맑은 물이 흘러내려 눈이 부셨고 녹음은 가슴이 먹먹할 정도로 푸르렀다. 꽃이 피는 봄이면 무릉도원이 되었으리라 짐작하며 한번 다시 가보고 싶다는 생각이 드는 곳이기도 하였다. 그때 박재연 시인의 모습은 맑고 풍부한 영성을 띠고 있었다. 술자리만 있으면 아무 데나 끼어들어 술잔을 거들던

흐리멍덩하기 짝이 없던 나 같은 인사에게 시인은 구도자 같은 인상을 풍겼다. 그러나 이래저래 몇 번을 보면서 느낀 사실은 박재연 시인의 생의 태도가 경직성의 그것과는 매우 다른 지점에 위치해 있다는 것이었다. 유연한 관계성, 아마 이 시인의 모든 힘은 여기에서 비롯되리라 짐작하게 되었다. 시인이 꾸준히 연마하는 운동의 본질과도 아마 필연적 관련이 있으리라 넘겨짚게 된 것도 이 같은 이유에서이다. 몸과 마음이 함께 가는 길, 그것이 박재연 시인의 시적 행로라고 막연하나마 생각하고 있었다.

그의 두 번째 시집 『지네』의 초고를 받고 원고를 여러 번 읽었다. 첫 번째 시집 『쾌락의 뒷면』에서와 같이 사물과 현상의 이면에 대한 고찰은 여전하면서도 삶의 구체적인 측면을 통한 찰나 혹은 순간 속에 얼비추는 생의 본질을 찾기 위한 지난한 몸짓이 화인처럼 박혀 있었다. 개인적으로 나는 시가 시인을 행복하게 해준다고 믿지 않는 편이다. 어쩌면 시를 쓰는 작업은 그동안의 의식을 파괴하고 균열을 일으키는 강력한 파괴자의 역할을 한다. 그것은 보편적으로 행복하다는 개념과는 또 다른 거리를 갖고 있다. 시를 쓰며 느끼는 시인 개개인의 만족이야 각기 다른 이유가 있을 터이지만 박재연 시인의 시집 곳곳에서 꺼지지 않은 전쟁의 화염을 발견할 수 있었다. 나와 당신 사이에, 죽음과 삶 사이에, 차안과 피안 사이에, 존재와 존재의 위태로움 사이에 피어오르는 화염을 쫓아가는 길이 아마도 박재연 시인의 시를 쫓아가는 길이 될 것이다.

2.

이번 시집에서 눈에 띄게 두드러진 의미망은 죽음과 삶의 길항과 그로 인해 빚어지는 존재의 처연함이었다. 죽음이야말로 시인의 입장에서는 선승의 화두와 같은 무게를 지니고 있다. 존재와 그 이면을 물어뜯고 생각이 생각을 물어뜯어 낭자한 피로 얼룩진 고투의 현장이 시의 현장이기도 한 까닭이다. 생사의 나루터 같은 그 경계의 선상에서 핏발이 서도록 바라본 존재와 비존재의 혼재 속에서 시인은 되도록 몸을 가볍게 하려고 노력한다. 어차피 천둥소리처럼 한번은 오고야 말 운명을 좀 더 자연스럽게 혹 자연에 가깝게 받아들이고 싶어 한다.

크레바스에 빠진 사람들은 모두 코스모스로 갔을까? 카오스로 갔을까?

오 추워 너무 가려워. 저 나무들 나무나무 하면서 귀의하잖아. 나는 수목장은 안 할 거야. 사람을 먹은 성성이가 되어서 그늘이나 넓힌다면 나는 싫어요. 그냥 풀어지면 좋겠어. 흩어지면 좋겠어. 참숯가마의 굴뚝을 떠난 연기처럼. 연기(緣起) 연기(緣起) 하면서 흘러갈 거야. 구름 이쁜 염소로 흘러갈 거야.

— 「에귀 뒤 미디(Aiguille du midi)」 부분

"그냥 풀어지면 좋겠어"라는 시구야말로 어쩌면 시적 화자의 죽음에 대한 참된 욕망을 보여주는 구절이다. 수목장의 나무를 전설 속의 짐승인 '성성이'로 표현한 이면에는 시인의 염결성이 놓여 있다. 육체가 지닌 응집성이 이생이라면 저생은 불교적 용어를 차용한 '연기'와 같은 것이었으면 좋겠다고 소망하는 것이다. '성성이'는 한낱 짐승을 기표하는 것이 아니라 생의 과정에서 벌어지는 일련의 관계성을 포함한 육체성을 총괄하는 의미를 띠고 있다. 시인의 꿈은 '구름'이 되어 흔적도 없이 흘러가고 싶은 것이다. 그 이면에는 바로 삶이 지닌 지난한 몸부림이 자리하고 있다.

생사란 인간으로서는 도무지 알 수 없는 신의 영역인 바, 그것은 공평하지도 않고 예측할 수도 없으며 한 실존에게는 부조리하기 짝이 없는 측면을 내포하고 있기도 하다. 서른셋에 세상을 떠난 조카와 그녀가 남긴 아무것도 모르는 다섯 살배기 혈육을 바라보다 시인이 문득 내뱉은 말은 "넌 나쁜 년이야"(「청춘마감」)라는 무심한 욕설이다. "방금 누가 이 세상에 다녀갔나?/오긴 왔었나?"(「청춘마감」)라는 물음은 장자의 나비 이야기를 떠올리게 한다. 만약 박재연 시인의 시가 이 방향으로 더 나갔으면 이른바 노장의 시를 연출했겠지만—「당신의 삼우제」와 같은 시에서 더러 그런 흔적이 보이기도 한다—시를 읽다보면 생과 사의 간극에서 도대체 이것은 무엇인가 하는, 보다 치열한 시선을 보내고 있음을 알게 된다. 시인의 무심한 욕설의 어투야

말로 인간적인 너무나 인간적인 번뇌에서 비롯된 자기 고백에 가깝다. 이 번뇌는 지상과 천상의 갈등을 의미하며 성과 속의 사이에 끼인 자의 고통을 보여준다.

> 하늘을 나는 새들의 거처는
> 딱 한 움큼
> 언제든 헐어버리고
> 날아갈 수 있는 무게다
>
> 18평 낡은 주택에
> 몸을 묶고
> 저녁이면 어김없이 돌아와
> 비상을 꿈꾸며 잠이 든다
>
> 봄꽃은 한꺼번에 터지고
> 꽃에 홀려 들에 나간 봄날
> 날개를 힘껏 벌리고 다이빙 자세로
> 배추밭에 머리를 박고 죽은
> 산비둘기를 보았다
>
> 온몸으로 투신한 새가
> 노려본 곳은 하늘이 아닌
> 지상의 먹이 쪽

> 허공에 수리 두 마리
> 먹이를 찾느라 빙빙 돌고 있었다
>
> ―「새」 전문

시인에 대한 알레고리로 새를 형상화하고 있는 이 시는 천상과 지상의 간극에서 벌어지는 생존의 현장을 보여주고 있다. 이 시의 전체적인 정조는 비애에 그 끝이 닿아 있다. 지상에서의 삶은 늘 비상을 꿈꾸며 살아간다. 어쩌면 그러한 사람살이야말로 보편적인 의미의 삶이라고 말할 수 있을 터이다. 그러나 "날개를 힘껏 벌리고 다이빙 자세로/배추밭에 머리를 박고 죽은/산비둘기"에 대한 형상에는 실존의 비극성이 그대로 노출되어 있다. 결국 먹이를 찾아 떠돌다 비극적 최후를 맞이하게 되리라는 예언이 비둘기의 죽음을 통해 형상화되어 있는 것이다. 그것은 어쩌면 지상의 한 구석이 살아 있는 모든 존재들의 종착지일지도 모른다는 불안감을 뜻하는 것이기도 하다. "온몸으로 투신한 새가/노려본 곳은 하늘이 아닌/지상의 먹이 쪽"이라는 구절은 시인의 명철한 시선이 걷어 올린 치열한 의식의 산물이다. 지상의 먹이를 향해 허공을 빙빙 돌고 있는 수리야말로 우리들의 초상이기 때문이다. 지상-천상-지상으로 이어지는 의식 혹은 공간의 변이는 인간에게 주어진 숙명과도 같은 실존의 조건이다. 시인의 몸부림은 '그러한 것'이라는 절대 명제에 대한 부정에서 비롯된다. '그러한 것'에 대한 분노, 고통이 박재연 시인의 시적 동기의 한 구조라는 생각을 지울 길 없다. 이 시집에 등장하는 체 게바라나 전혜린 같은 인물에 대한 명상도 그 분노나 고통을 넘어서는 한 방식이다. "당신이 디뎠던 땅조차 입 맞출 수 있는 정신의 매혹자"(「초극하는 혼—전혜린」)라고 전혜린에 대해 경의를 표했을 때 그것은 지상의 괴로움을 통과한 자로 전혜린을 인식하고 있다는 것을 의미한다. 여기서 통과는 극복과는 다른 의미를 내포한다. 이 시집의 어디를 보아도 섣불리 주어진 실존의 현실을 극복한다거나 깨달았다거나 하는 포즈를 발견할 수 없기 때문이다. "정신의 매혹자"로서 전혜린에 대한 명상은 "영혼과 영혼이 부딪히는 그 찰나에 보는 영원"(「초극하는 혼—전혜린」)에 그 맥락이 닿아 있다. 이 지상을 견디려는 자의 영혼은 상처투성일 터이지만 "찰나에 보는 영원"이야말로 깨닫고자 하는 자들의 궁극의 욕망인 까닭이다.

이렇듯 삶과 죽음에 대한 시인의 인식은 존재의 비애를 품고 있으면서도 순간 혹은 찰나에 보는 영원 같은 절대를 꿈꾸고 있는 것이다. 이러한 인식은 박재연 시인의 시를 더 치열하고 구체적인 삶을 현장으로 내모는 역할을 하게 된다. 그것은 역설적이게도 박재연 시인의 시를 보다 현실에 뿌리박게 만드는 역할을 하는 것이다.

3.

  이 시집의 한 구석에 가슴 아프게 자리 잡고 있는 것은 어머니에 대한 연민이다. 치매에 걸린 어머니, 그 어머니를 끝내 모시지 못하고 요양원이나 의료시설에 맡기고 돌아섰을 때의 안타까움과 자책은 깊은 상처가 되어 시 속에 박혀 있다. 박재연의 시에서 삶과 죽음에 대한 인식이 그 심도를 더하는 이유도 이러한 육친의 고통과도 무관치만은 않을 것이다.

> 가기 싫다는 어머니를
> 본드처럼 붙으려는
> 어머니의 발을
>
> 억지로 떼어놓고
> 돌아와
> 방문을 열자
>
> 노란 포플린 이불 속에서
> 급하게 구겨 넣은 몸뻬 옷이
> 바지 한 끝을 내밀고 있다
> ―「호두마리」 부분

  지상에 이토록 가슴 아픈 일도 없을 터이다. "본드처럼 붙으려는/어머니의 발"을 강제하여 요양원으로 밀어 넣고 돌아서는 자식의 마음을 무엇에 비유하겠는가? 그리고 집으로 돌아와 어머니의 흔적을 더듬는 일은 자신의 죄를 고백하는 일과 등가의 의미를 지닐 것이다. "네 어머니는 어디에 있느냐"는 자신의 물음은 성경의 창세기에 나오는 '아담아, 너는 어디 있느냐'라고 묻는 하나님의 음성처럼 죄 지은 자로 하여금 공포를 자아내게 한다. 그것은 자기 부정이며 자기 환멸을 의미하는 것이기도 하다. "어머니는 저녁마다 떠나는 보따리를"(「햇아 같이 모르겠어요」) 싼다는 시구는 머지않아 어머니가 이 세상을 떠날 것이라는 의미를 내포하고 있다. "강 건너 일은 정말 모르겠어요"(「햇아 같이 모르겠어요」)라는 고백이야말로 불완전한 존재가 내뱉는 뼈아픈 독백일 것이다. 사실 피안의 일이야 신을 제외한 누가 알겠는가? 이러한 인식을 보다 구체적으로 보여주는 작품을 보자.

    생각난 듯이
    바람이 창문을 덜컹이는 봄밤
    어머니 방문을 열어보면
    잠 안 주무시고
    나일론 이불에 붙은 보푸라기를
    하나하나 떼어내고 있다
    손가락에 침 발라

머리카락 떼어내고 있다
　　　　　　　　　　　―「머리카락만」 부분

　치매에 걸린 어머니가 보여주는 저 반복적 행위야말로 어머니가 차안과 피안의 경계에 있음을 보여주는 결정적 양식이다. 느리지도 빠르지도 않은 행동으로 연신 보푸라기와 머리카락을 떼어내며 과연 어머니는 무슨 생각을 하고 있을까? 이승에 관해서일까, 혹은 저승에 관해서일까? 알 수 없는 일이다. 여기서 주목할 만한 소재는 이불이다. 「호두마리」의 "노란 포플린 이불" 그리고 「머리카락만」의 "나일론 이불"은 육체성의 비애를 고스란히 담고 있다. 죽음을 앞둔 노인네에게 가장 가까운 사물이 바로 이불이 아닌가. 비단금침과 전혀 다른 의미를 띠고 있는 노란 나일론 이불이 주는 이미지는 언제 소진할지 모르는 위태로움을 동반하고 있다. 이미 마를 대로 마른 육체와 등가의 이미지가 형성된 것이다. 어쩌면 자식들조차 외면하는 자신의 늙은 육체를 보듬고 위로해주는 지상의 마지막 사물로서 이불은 박재연의 어머니에 대한 시편들 속에 핵심적 소재로 기능하고 있다. 그 이불 역시도 어머니가 세상을 떠난 후 곧 화장되어 훨훨 날아 지상을 떠났을 것이다. 이렇듯 박재연 시에 나타나는 치매에 걸린 어머니의 형상은 안타까움과 함께 자기 부정을 동반하고 있다. 더하여 죽음에 대한 시선을 더 깊게 해주고 있다.

4.

이번 시집 한 귀퉁이에서 우연히 보게 된 것은 시인 백석의 영향이었다. 시인이 의도하였든 그렇지 않던 간에 백석의 영향으로 볼 수 있는 시가 눈에 띄었다. 영향 관계를 따지는 일은 학문적 영역에 속할 일이지만 한 시인이 다른 시인을 집중할 때 드러나는 현상이기도 하다.

> 자취하던 옆방에 돗자리장수 모녀가 퀀을 들었다
> 날은 치운데 나일론 이불 하나로 겨울을 나려는지
> 군불 때는 연기가 자주 흙벽을 넘어왔다
> 저 아래데 말씨를 느릿느릿 쓰는 모녀의 밥상에 불려가서
> 남편은 군대 가고 전국을 떠돌며 대자리 파는 내력을 듣는 저녁
> 한방 쓰며 자취하던 희숙이는 이질에 걸려 곱똥을 누고
> 뒷간을 들락거리는 희숙이가 안됐는데 부엉이는 우는 밤이었다
> 눈이 헐끔해지고 가랑잎처럼 흔들리는 소년 가을이 놀다 가는 밤이었다
> ―「소년 가을」 전문

백석의 옛 애인이라고 알려진 김영한 여사에 대한 시가 이미

「길상사에서」라는 제목으로 이 시집에 실려 있기도 한데 박재연은 이 시에서 '사랑은 이렇게도 지독하다'라고 그들의 사랑에 대해 적고 있다. 위의 시는 추운 겨울날이라는 시간적 배경을 포함하여 구사된 시어, 시의 분위기 등에서 백석의 시와 유사한 측면을 볼 수 있다. 추운 겨울 이방의 거리를 떠돈다는 점에서는 백석의 「남신의주유동박시봉방」을, 남편을 찾아가는 모녀의 이야기라는 점에서는 「여승」을 엿보게 된다. 더욱이 짧은 시지만 서사의 뼈대를 이루고 있다는 점에서 소위 이야기시라는 분류도 가능할 것이다. 돗자리장수 모녀의 서사를 쓸쓸하게 그리고 있는 이 시에서 백석을 읽는 것은 그리 어렵지 않다. 이러한 특성은 언어의 운용 면에서도 확인할 수 있다. 아주 옛날이야기를 하고 있듯이 집안의 이야기를 풀어가는 아래 작품은 강원도 방언을 맛깔나고 유장하게 풀어가고 있다.

    이 쬐끔 아는 것도 다 고쿨불 덕이지. 고쿨 앞에서 할머니랑 삼을 삼을 때 삼촌은 얘기책을 읽었어. 삼촌이 글 읽는 소리는 낭랑하고 귀에 새뜻해서 무턱대고 그 소리를 귀에 붙이며 웬금으로 받았지. 얘기책은 왜 그리 혹하던지 꺼져가는 고쿨불에 소깽이를 집어던지며 모조리 받는 거야. 자즌닭이 울 때라야 고쿨불을 지우니 삼촌과 나는 어른들한테 자주 야단을 들었어. 우리 어머니야 의붓 아래 컸으니 글자 한 자 못 배웠다지만 동네 구장을 보며 한문 선생을 하던

아버지는 왜 날 안 가르쳤을까? 허구한 날 삼촌을 얼러 언문
의 본서만 써 달랬지.
—「웬금으로도 환하게」 부분

'고쿨불', '웬금', '소깽이', '자즌 닭' 등의 강원도 방언은 회고적 분위기를 보여주는 이 시의 농담을 더욱 짙게 해준다. 어쩌면 김유정 소설의 한 장면을 보는 것 같기도 한 이러한 묘사 역시도 자기 정체성 확인으로서 방언의 의도적 구사라고 여겨진다. 그러한 방법론을 끌어오게 된 저간의 참된 이유를 알 길은 없지만 시집을 통독하고 난 후, 혹 백석의 영향은 아닐까 추측하게 되었다. "딱!/마가리에 산밤이 떨어진다"(「가을 절벽」)라고 서늘한 가을 풍경을 그려냈을 때 그러한 심증을 굳힐 수 있었다. 한 시인의 시적 경향을 추수한다는 것은 절대적으로 선택의 문제이다. 박재연의 경우 인생의 쓸쓸한 국면을 형상화할 때 백석의 영향이 나타난다고 볼 수 있다. 바람이 있다면 강원도 방언을 본격적으로 활용한 시를 쓰면 어떨까 하는 생각을 하게 되었다. 각 지방의 방언으로 구사된 흥미롭고 아름다운 시들이 많은 것은 주지의 사실이나 유독 강원도 방언으로 구사된 시들은 찾아보기 쉽지 않은 것이 오늘날의 현실이기도 한 까닭이다. 강원도 인제, 원주로 이어지는 새로운 시풍을 박재연의 시 속에서 만나고 싶다는 바람을 가져본다.

5.

이 시집의 제목으로 삼고 있는 시 「지네」는 고개를 끄덕이게 하는 몸의 진경을 보여준다. 인간의 척추에 잠재하는 지네 한 마리는 섬뜩하고도 눈물겨운 형상을 하고 있다.

>살 발라낸 사람의 등뼈는
>한 마리 지네를 닮았다
>열아홉 개의 절지를 거느리고
>벼랑을 타는 지네를 닮았다

>핏줄과 권속을 거느리고 집안의 장남으로 삶의 벼랑을 타던 그가 삼성병원 11층 암 병동에서 머리를 밀었다 무균실 저 안쪽에서 겹겹의 문이 차례로 열리며 링거 꽂은 지지대를 밀고 그가 천천히 걸어 나올 때 오후의 햇살은 잠시 마른 등뼈 위로 흘러내린다 스물네 개의 척추에서 흘러내린 등뼈의 이름들 경추 만곡 흉추 만곡 요추 만곡 골반 만곡이라 불리는 해부학 용어들이 흘러내린다 지네의 절지들이 흘러내린다 척추뼈를 이르는 해부학 용어는 눈물겨운 단어 굽이굽이 돌아가야 비로소 진경을 보게 되는, 힘에 부쳐도 포기할 수 없어서 더 눈물겨운 단어 그가 골수를 채취해 간 골반 만곡을 보여줄 때 지네 한 마리 기어 가다 움찔 놀라는 형상이다 다시 벼랑을 타려고 절지를 움직이는 형상이다
>   —「지네」 전문

"열아홉 개의 절지를 거느리고/벼랑을 타는 지네"에 비유되는 사람의 등뼈에 대한 고찰은 빼어난 시적 심미안을 보여준다. 시 속에 등장하는 인물이 누구인지는 모르지만 인고의 인생을 살아낸 그래서 몸이 병든 인물이다. 병든 그의 등에 흘러내린 스물네 개 등뼈는 만곡이라는 이름으로 불리운다. "굽이굽이 돌아가야 비로소 진경을 보게 되는" 등뼈에서 박재연은 한 인생을 읽어내는 것이다. "기어 가다 움찔 놀라는" 지네의 형상은 "핏줄과 권속을 거느리고 집안의 장남으로 삶의 벼랑을 타던 그"와 겹치면서 융숭한 삶의 풍경을 만들어낸다. 몸에 문신처럼 남은 인고의 흔적에서 삶의 숭고성을 맞닥뜨리는 순간이다. 더욱이 "다시 벼랑을 타려고 절지를 움직이는 형상"에서 물리적인 고통이나 한계 상황에도 불구하고 생명으로 나가려는 본질적 생명력을 그리고 있다. 어쩌면 인류가 살아온 길이 바로 그것일지도 모른다. 「지네」는 박재연이 발견한 탁월한 삶의 알레고리 바로 그것이다. 인간의 몸에 얽힌 비의와 비애를 동시에 포착한 아름답고도 슬픈 시다. 그리고 강하다.

박재연의 시는 봄날의 소풍과도 같다. 언제 어디서나 대상과 대상을 마주한 사람에 대한 따뜻한 배려가 있다. 그것은 자신의 자리가 궁벽한 곳에 처해 있기 때문이다. 자신을 궁지에 몰아놓고도 시선이 따스하다는 것은 인격과 관련이 깊을 터이다. 시라는 것이 지나치게 수법에 몰두할 때 가지게 되는 공소함이 박재연의 시에는 없다. 소박한 인격이 시에 고스란히 배여 있다. 세상을 뒤흔드는 것은 벼락과 같은 천둥소리에만 있는 것이 아니라 침묵 속의 말 한마디, 꽃을 찾는 나비의 날갯짓으로도 가능한 일이다. "깊은 산에 이드르르 복상낭구 피어날 때/나비처럼 후루루 날아가면 좋겠네"(「이드르르, 복상낭구 피어날 때」)라는 시를 읽다보면 이미 지상이 아닌 다른 곳으로 여행을 하고 있다는 느낌을 받는다. 치악산 골짜기가 그립다. 그곳은 아마 이승이 아닐 것이다. 이드르르 꽃이 피어나고 태산 같은 꽃잎이 날리는 곳에서 자신의 쓸쓸함에 강돌을 얹고 시를 쓰는 박재연 시인의 모습을 상상하는 일은 즐겁다. 자신의 마음을 궁지로 몰고 가면서 더 큰 마음을 내는 반본환원(反本還元)의 정신이 그의 시에 오롯이 새겨져 있다.

이 도서의 국립중앙도서관 출판시도서목록(CIP)은 서지정보유통지원시스템 홈페이지 (http://seoji.nl.go.kr)와 국가자료공동목록시스템(http://www.nl.go.kr/kolisnet)에서 이용하실 수 있습니다.(CIP제어번호: CIP2015014779)

문학의전당 시인선 202

지네

ⓒ 박재연

초판 1쇄 인쇄　2015년 6월 5일
초판 1쇄 발행　2015년 6월 12일

　　　지은이　박재연
　　　펴낸이　고영
　　책임편집　이현호
　　　디자인　헤이존
　　　펴낸곳　문학의전당
　　출판등록　제311-2012-000043호
　　　　주소　서울시 은평구 연서로11길 7-5 401호
　　　편집실　서울시 마포구 마포대로 127, 413호(공덕동, 풍림VIP빌딩)
　　　　전화　02-852-1977
　　　　팩스　02-852-1978
　　　　블로그　http://blog.naver.com/mhjd2003
　　　전자우편　sbpoem@naver.com

　　ISBN　979-11-86091-38-8　03810

＊이 책의 판권은 지은이와 문학의전당에 있습니다.
＊양측의 서면 동의 없는 무단 전재 및 복제를 금합니다.
＊잘못 만들어진 책은 바꿔드립니다.
＊이 시집은 (재)원주문화재단 '2015 문학예술 지원사업'의 지원을 받아 제작되었습니다.